Cocktail Rezeptbuch

Das ultimative Cocktailbuch - 100 Cocktailrezepte aus aller Welt zum selber mixen – die besten Rezepte mit und ohne Alkohol

1. Auflage

Inhaltsverzeichnis

Vorwort 6

Die Entstehungsgeschichte des Cocktails 8

Die richtige Ausstattung für gelungene Cocktail-Abende 11

Reinigung der Ausstattung: 13

Welche Arten von Cocktail-Gläsern gibt es? 15

Welche verschiedenen Arten von Cocktails gibt es? 17

Worauf ist bei der Zubereitung mit einem Shaker zu achten? 21

Cocktails mit Wodka 24

Bloody Mary 24
Cosmopolitan 25
Screwdriver 26
White Russian 27
Black Russian 28
Moscow Mule 29
Sex on the Beach 30
Touch Down 31
Swimming Pool 32
Blue Lagoon 33
Wodka Sunrise 34
Blue Hawai 35
Kamikaze 36
Madras 37
Cairo Cocktail 38
Wodka Collins 39

3.2. Cocktails mit Rum 40

Daiquiri 40
Mojito 41
Cuba Libre 42
Pina Colada 43
Mai Tai 44

B52 45
Planter`s Punch 46
Zombie 47
Hurricane 48
Bahama Mama 49
Sunny Side 50
Painkiller 51
Sweet Tempation 52
Snow White 53
Grüne Frische 54
Santa Muerte 55
Old Cuban 56

Cocktails mit Whisky 57
Whisky Sour 57
Old Fashioned 58
Mint Julep 59
Irish Coffee 60
Rob Roy 61
Morning Dew 62
Amber Moon 63
Boston Ward 8 64
Colnel Collins 65
Highball 66

Cocktails mit Gin 67
Dry Martini 67
Gin Fizz 68
Negroni 69
Pink Lady 70
Gin & Coffee 71
Gin & Tonic 72
Vesper 73
Aviation 74
Clover Club 75
Gin Julep 76
Blueberry Buck 77
Gin Basil Smash 78

5. Cocktails mit Tequila 79
Margarita 79

Tequila Sunrise 80
The Monroe 81
Zorro 82
Tequila Sour 83
Eldorado 84
Tequila Sunset 85
Blue Ocean 86
Latin Lover 87
Green Poison 88

6. Cocktails Sparkling 89
Champagne Cocktail 89
Mimosa 90
Kir Royal 91
Bellini 92
Champagner-Flip 93
Ritz 94
French 75 95
Air Mail 96
Sparkling Sensation 97
Aperol Royal 98
Rote Perle 99

Cocktails Special 100
Caipirinha 100
Long Island Ice Tea 101
Electric Ice Tea 102
R.I.P. 103
Blond Angel 104
Darth Vader 105
Hellfire 106
Adios Motherfucker 107
Death in the Afternoon 108
Waikiki Beachcomber 109
Singapore Sling 110

3.8. Alkoholfreie Cocktails für Kinder 111
Summer Cooler 111
Speedy 112
Himbeer-Kokos-Cocktail 113
Ipanema 114

Mint Tonic ... 115
Famicolada ... 116
Strawberry Kiss ... 117
Sonnenaufgang ... 118
Kleiner Hugo ... 119
Vampirella ... 120
Tropical Spirit ... 121
Rainbow Cocktail ... 122
Die Eiskönigin ... 123

Schlusswort ... 124

Rechtliches ... 125
Impressum ... 125
Haftung für externe Links ... 125

Vorwort

Liebe Leser,

auf den nachfolgenden Seiten möchte ich Ihnen zeigen, wie einfach Sie schmackhafte Cocktails zu Hause, in der eigenen Küche oder im Party-Keller zubereiten. Dazu müssen Sie keine gastronomische Ausbildung oder besondere Vorkenntnisse mitbringen. Mit der richtigen Anleitung und einer guten Ausstattung kann jeder Cocktails mixen wie ein Profi. Schütteln Sie sich Cocktails vom Gin Fizz bis zum Caipirinha sprichwörtlich aus dem Handgelenk und verblüffen Sie Ihre Gäste beim nächsten Partyabend mit einem hausgemachten Cocktail. Das Buch, das Sie in den Händen halten, ist also weitaus mehr als ein simples Kochbuch. Sie möchten eine Hausbar einrichten und suchen noch einen professionellen Ratgeber? Dann finden Sie hier wertvolle Tipps für die passende gastronomische Ausstattung, sowie Hinweise zur fachgerechten Wartung und Reinigung des benötigten Equipments. Ob in der Bar oder in der heimischen Küche, mit diesem Handbuch haben Sie immer die perfekte Literatur griffbereit. Als erfahrener Barmann vermittle ich Ihnen in einfachen Schritten die Grundlagen für die Cocktail-Zubereitung und unterstütze Sie mit umfangreichen Fachwissen zu Getränkekunde und Geschichte. Cocktails mixen ist nicht schwer. Nutzen Sie dieses Buch, um gemeinsam mit Freunden einen lustigen Cocktailabend zu veranstalten. Probieren Sie neue

Rezepte aus und lernen Sie mit Freude und Spaß die bunte Kunst des Cocktail-Mixens. Nicht nur Anfänger finden hier tolle Praxisanleitungen für den ersten Cocktail zu Hause. Auch Fortgeschrittene und Profis profitieren von diesem professionellen Regelwerk mit 100 Rezepten nach internationalem Standard.

Erhalten Sie wertvolle Praxistipps von der Wahl der richtigen Ausstattung bis zur dekorativen Ausgestaltung des Getränks. Lernen Sie die Unterschiede der Drinkkategorien, wie Long- und Shortdrinks kennen und servieren Sie zu jeder Gelegenheit Before- und After-Dinner-Drinks in den passenden Gläsern. Glänzen Sie mit Ihrem neu erworbenem Fähigkeiten und zaubern Sie Cocktails, die genauso lecker schmecken, wie in einer Bar. Stöbern Sie in der großen Vielfalt an Rezepten. Da ist für jeden Geschmack der passende Cocktail dabei. Dank der genauen Auflistung der Ingredienzien, können Sie dabei nichts falsch machen. Dieses Buch begleitet Sie Schritt für Schritt bei der Zubereitung Ihres ersten Cocktails. Die Vorfreude auf das kommende Erlebnis beginnt bereits beim Einkauf der Zutaten und dem passenden Zubehör. Bereiten Sie Ihren *Shaker* für den ersten Einsatz vor und verwenden Sie hochwertige Produkte für ein besonders leckeres Ergebnis. Probieren Sie mit Stolz Ihren ersten selbstgemachten Cocktail. Ich wünsche Ihnen nun viel Vergnügen beim Lernen und Ausprobieren!

Die Entstehungsgeschichte des Cocktails

Um die Begrifflichkeit „Cocktail“ ranken sich unzählige Sagen, Geschichten und Legenden. Der Terminus selbst trat das erste Mal im 18. Jahrhundert in Erscheinung. Er bedeutet übersetzt soviel wie „Hahnenschwanz“. Gerüchten zufolge soll sich der Ausdruck auf die Hahnenkämpfe beziehen, welche der Sieger mit bunten Schwanzfedern auf einem Drink „on the Cock`s tail“ feierte. Aber das ist nur eine von vielen Mutmaßungen. So bezieht sich die Herkunft des Ausdrucks in weiteren verbreiteten Theorien auf die bunte Färbung der ersten Cocktails, die Anrichtung in Eierbechern („coquetier“) oder die Verzierung der alkoholischen Getränke mit Hahnenfedern.

Die ersten mit den heutigen Cocktails vergleichbaren alkoholischen Mischgetränke entstanden allerdings weit vor der eigentlichen Begrifflichkeit. Die Geschichte der Mixturen ist so alt wie die Geschichte des Alkohols selbst. Archäologen fanden bei Ausgrabungen in China der im Nahen Osten heraus, dass bereits unsere Vorfahren vor 12.000 Jahren ihre alkoholischen Getränke mit Honig, Früchten oder Kräutern verfeinerten. Das Aufkommen der Destillation sowie des Alambic trieb die Verbreitung der „Cocktails“ weiter voran.

Die Wiege der Cocktails steht ganz klar in Nordamerika. Dort wurden die alkohollastigen Mischgetränke seit dem 18.

Jahrhundert konsumiert. Gerüchten zufolge vermischte man damals bereits Spirituosen mit Milch oder Zitronensaft. Das Ergebnis wurde dann entweder morgens oder bei speziellen Anlässen wie beispielsweise Fuchsjagden oder Polospielen serviert.

Im frühen 19. Jahrhundert begann die große Ära der Cocktails in den USA. Die Gründe dafür waren von mannigfaltiger Natur. Fakt ist, dass die damals stattfindende Einwanderung die Geschichte der Cocktails massiv beeinflusste. Insbesondere die Europäer kamen nach Nordamerika – und mit ihnen neue Zutaten sowie eine ungewohnte Ess- und Trinkkultur. Diverse Spirituosen schafften ihren Weg in die „Neue Welt". Dieser Tatsachenbestand ebnete den Weg für ganz neue Mischungen und Mixturen. Des Weiteren bewirkte die rasante Bevölkerungszunahme die Bildungen von Städten, Siedlungen und somit auch Bars und Saloons. Man hatte nun eine Plattform, von wo aus man die alkoholischen Mixgetränke herstellen und „unter die Leute bringen" konnte. Es entstanden so viele neue Kreationen, dass man die Mischgetränke inzwischen katalogisieren und in vereinzelte Über- und Unterkategorien aufteilen konnte. Dies geschah durch den amerikanischen Barkeeper Jerry Thomas. Sein Werk "How to Mix Drinks, or the Bon Vivant`s Companion" gilt als der Urvater der Cocktailbücher und trieb den bahnbrechenden Erfolg der Mixgetränke weiter voran.

Das 20. Jahrhundert gilt als die Ära der Cocktails. Der Anfang war allerdings etwas holprig. Während der Prohibition in den USA konnte Alkohol nur illegal getrunken oder hergestellt werden. Hieraus resultierend wurden Cocktails nur noch hinter verschlossenen Türen oder im Untergrund getrunken.

Mit dem Ende der Prohibition begann der internationale Durchbruch des Cocktail. Die 50er Jahre waren die große Zeit der Mixgetränke. Sie wurden nun nicht mehr nur in den USA, sondern auch in Deutschland in unzähligen Bars konsumiert. Die Liebe zum Cocktail ist bis heute existent. In nahezu jedem Restaurant gibt es eine Vielzahl an alkoholischen und antialkoholischen Varianten. Tendenz steigend!

Die richtige Ausstattung für gelungene Cocktail-Abende

Das korrekte Mixen von leckeren Cocktails ist gelegentlich eine Wissenschaft für sich. In diversen Bars und Restaurants kann man beobachten, wie die vereinzelten Barkeeper bei der Zubereitung von Cocktails und Longdrinks mit einer Vielzahl an bekannten oder auch unbekannten Gerätschaften arbeiten müssen. Wer auch zu Hause nicht auf seine Lieblingscocktails verzichten möchte, der benötigt, neben den erforderlichen Zutaten, auch eine entsprechende Barausstattung. Im Folgenden möchten wir Ihnen vereinzelte Hilfsmittel vorstellen, die Ihnen beim Mixen von Cocktails unter Garantie gute Dienste leisten werden.

Shaker:

Ein Shaker ist eines der wichtigsten Werkzeuge eines guten Hobby-Barmanns und darf in keinem Cocktail-Haushalt fehlen. Das auch als Schüttelbecher oder Mixbecher bekannte Utensil erblickte in der zweiten Hälfte des 19. Jahrhunderts das Licht der Welt und ist aus den Bars und Hobbykellern nicht mehr wegzudenken. Aktuell verfügt der Markt über 3 verschiedenartige Typen. Diese wären namentlich der zweiteilige Cocktail-Shaker (French Shaker), der dreiteilige Cocktail-Shaker (Cobbler Shaker) mit zusätzlichen Sieb und der Boston Shaker. Die primäre

Aufgabe eines Shakers ist es, die flüssigen Zutaten wie beispielsweise Zitrussäfte, Sahne oder dickflüssige Alkoholitäten mit Eis zu vermengen. Dies geschieht durch ein kurzes aber kräftiges Schütteln.

Barsieb:

Das Barsieb kann auch als „Strainer" oder „Abseiher" bezeichnet werden. Der im 19. Jahrhundert entwickelte Artikel ist von signifikanter Relevanz bei der Herstellung von Cocktails. Er sorgt dafür, dass die Eiswürfel beim ausgießen im Shaker bleiben. Auch hier differenziert man zwischen dem geläufigen „Hawthorne Strainer" und dem klassischen „Julep Strainer".

Stößel (*muddler*):

Ein Stößel dient in erster Linie zur Zerkleinerung von Kräutern oder Gewürzen. Auch bei der Zubereitung von Cocktails bedient man sich eines Stößels. Der Gegenstand aus Holz oder Metall soll Zitrusscheiben, Früchte oder Minze zerdrücken.

Jigger:

Ein Jigger ist, salopp gesagt, Barmaß oder ein Messbecher. Sie erlauben es dem Barmann, die angegebene Menge korrekt abzumessen und den Cocktail ordnungsgemäß zuzubereiten.

Reinigung der Ausstattung:

Sauberkeit ist alles! Wenn man Gäste empfängt oder eine lockeres Zusammensein im Kreise der Familie plant ist es wichtig, dass die Teller oder die Gläser sauber sind. Unausgespültes oder verschmutztes Geschirr hinterlassen nicht nur einen negativen Eindruck, sie verfälschen auch das Geschmackserlebnis. Was für ein gutes Essen gilt, kann für einen Cocktail-Abend nicht schlecht sein. Auch bei der Zubereitung von Cocktails ist penibel auf Sauberkeit und Reinlichkeit zu achten. Dies beinhaltet nicht nur die Gläser, sondern auch die Ausstattung.

Shaker:

Der Shaker ist bei Cocktail-Abenden im Dauereinsatz. Er wird mit vielen unterschiedlichen Flüssigkeiten befüllt. Damit das Ergebnis auch mundet dürfen im Shaker keine Rückstände anderer Zutaten mehr zu finden sein. Es ist von daher ratsam, den Shaker kontinuierlich zu reinigen. Dies kann von Hand oder in der Spülmaschine geschehen. Ein Großteil der aktuellen Modelle auf dem Markt lassen sich ohne Komplikationen mit etwas Wasser und Spülmittel auswaschen.

Barsieb:

Auch im Barsieb können sich Rückstände von Fruchtsäften oder Alkohol verfangen. Aus eben diesem Grund muss auch das

Barsieb von Zeit zu Zeit gereinigt werden. Ein kurzes Abspülen reicht. Achten Sie beim Reinigen nur darauf, der Metallspirale etwas mehr Aufmerksamkeit zukommen zu lassen.

Stößel:

Der Stößel kommt während seiner Anwendung mit diversen Zutaten in Kontakt. Deshalb sollte auch dieser Ausstattungsgegenstand vor dem Einsatz (und zwischendurch) gereinigt werden. Auch hierfür benötigen Sie als lediglich Wasser, Seife und, bei Bedarf, eine Bürste.

Jigger:

Selbiges gilt für den Jigger. Auch dieses kleine aber feine Hilfsmittel lässt sich bequem unter fließendem Wasser aus- und abspülen.

Welche Arten von Cocktail-Gläsern gibt es?

Martiniglas:

Das Martiniglas eroberte in den 30er Jahren die Bars und Theken dieser Welt. Aufgrund seiner charakteristischen Trichterform wird es häufig auch als Martinischale, Martinikelch oder Cocktailspitz betitelt. Aufgrund seiner geringen Größe sowie seiner Füllmenge von lediglich 200 ml eignet sich das Martiniglas ideal zur Zubereitung von Martinis. Martinis werden ohne Eiswürfel getrunken. Das Glas ist von daher im Kühlschrank oder der Tiefkühltruhe kurz vorzukühlen.

Tumbler / Whiskyglas:

Ein Tumbler ist eine spezielle Gläserart, welche in erster Linie für die Zubereitung von Shortdrinks oder puren Spirituosen verwendet wird. Obgleich es sie heutzutage in verschiedenen Größen gibt, handelt es sich bei dem klassischen Tumbler um ein kleineres Trinkglas mit einem stabilen Boden. Drinks auf Whisky-Basis werden häufig in einem Tumbler serviert. Im Hinblick auf die Kühlmethode hat man hier 2 Möglichkeiten. Entweder man serviert den Cocktail mit Eiswürfeln („on the rocks“), oder man gibt den Tumbler zuvor kurz ins Gefrierfach.

Highballglas:

Das Highballglas kann alternativ auch als Longdrinkglas bezeichnet werden. Es ist höher als das Martiniglas und der Tumbler und eignet sich, wie die Produktbereitung bereits vermuten lässt, ideal zur Zubereitung von Highballs oder Longdrinks. Da besagte Drinks meistens mit Eiswürfeln angerichtet werden ist es ausreichend, das Glas mit Eiswürfeln oder kaltem Wasser vorzukühlen.

Cocktailschale:

Die klassische Cocktailschale ist vom optischen Standpunkt aus gesehen dem Martiniglas gar nicht so unähnlich. Auch dieses Behältnis besitzt eine trichterförmige Schale mit integriertem Stil. Da die darin gereichten Shortdrinks ebenfalls nicht immer mit Eiswürfeln gereicht werden, sollten auch diese Gläser den Weg über das Eisfach nehmen.

Hurricaneglas:

Das Hurricaneglas erkennt man sofort an seiner hohen und bauchigen Form. Es kommt in erster Linie bei der Zubereitung von Coladas oder anderweitigen tropischen Frucht-Cocktails zum Einsatz. Auch diese Gläserart wird durch Eiswürfel und kaltes Wasser vorgekühlt.

Welche verschiedenen Arten von Cocktails gibt es?

Cocktail ist nicht gleich Cocktail. Das beliebte Getränk erfreut seine Anhänger in einer Vielzahl von Arten, Varianten und Variationen. Von cremig bis frisch, von langem Genuss bis zum kurzen Vergnügen. Auf der Cocktailkarte wird für jeden etwas geboten.

Cocktails:

Beim Cocktail im eigentlichen Sinne handelt es sich um ein alkoholhaltiges Mixgetränk, bei welchem im Regelfall 2 oder mehr Zutaten miteinander vermengt werden. Sie werden in der Mehrheit der Fälle mit Eiswürfeln serviert und beinhalten mindestens eine Sorte Alkohol. Heutzutage findet man auf Cocktailkarten allerdings auch diverse alkoholfreie Varianten mit Obst, Fruchtsäften und Sirup.

Aperitifs:

Eine Unterart der Cocktails sind die sogenannten Aperitifs, welche gelegentlich auch als Before-Dinner-Cocktails bezeichnet werden. Unter Aperitifs versteht man Shortdrinks mit Alkohol, welche vor dem Essen gereicht werden. Sie sind weniger süß im Geschmack und sollen den Appetit anregen. Populäre Aperitifs wären beispielsweise der Manhatten Dry, der Campari oder der Aperol.

Longdrinks:

Ein weiterer würdiger Vertreter der Cocktail-Familie ist der Longdrink. Er verdankt seinen Namen der verhältnismäßig großen Füllmenge. Charakteristisch für den Longdrink ist die Zusammensetzung aus der Spirituose und dem sogenannten Filler. Die Longdrinks, zu welchen auch die Highballs zu rechnen sind, lassen sich einfach zubereiten und werden in einem sogenannten Highballglas serviert. Zu den beliebtesten Longdrinks zählen der Gin Tonic, der Aperol Spritz oder der Cuba Libre.

Flips:

Auch nicht zu verachten sind die sogenannten Flips. Das wesentliche Merkmal der Flips ist die gekonnte Verbindung von Spirituose (meistens Wein der Weinbrand) und Eigelb. Im Gegensatz zum Egg Nogg kommen die klassischen Flips ganz ohne Milch oder Sahne aus. Drinks wie zum Beispiel der Cold Brandy Flip, der Port Wine Flip oder der Sherry Wine Flip gelten als ausgesprochen nahrhaft und werden gerne als weites Frühstück eingenommen.

Fizzes:

Der Sommer kommt … und mit ihm die Fizzes. Die süffigen „Erfrischungsgetränke“ sind ein alter Hase auf der Cocktailkarte.

Aufgrund ihrer Zusammensetzung aus Alkohol, Eis, Zucker, Zitronensaft und Tonic Water oder Soda gehen die spritzigen Zeitgenossen insbesondere an warmen Tagen gerne über den Tresen. Der Fizz weist deutliche Parallelen zum Collins auf. Im Gegensatz zu den Collinsen wird der Fizz allerdings im Shaker, und nicht im Glas zubereitet. Der prominenteste Vertreter dieser Kategorie ist der Gin Fizz.

Sour:

Ein weiterer alkoholischer Durstlöscher aus der Familie der Cocktails ist der Sour. Der erfrischende Drink ist dem Fizz oder dem Collins gar nicht so unähnlich. Sie sind einfach zu mischen und bestehen im Regelfall aus einer Spirituose, Zucker und Zitronensaft. Im Hinblick auf die Zubereitung ist zu sagen, dass die Sours in einem Shaker mit Eiswürfeln geschüttelt und anschließend in ein Sour-Glas oder ein Tumbler gegossen werden. Neben dem klassischen Whisky Sour existieren heutzutage Drinks wie der Pisco Sour, der Amaretto Sour oder der Gin Sour.

Collinses:

Die zu den Longdrinks zählenden Collinses weisen in Zusammenstellung und Geschmack deutliche Parallelen zum Fizz auf. Auch sie bestehen aus einer Grundspirituose, Zitronensaft,

Zucker und Sodawasser und sind aus eben diesem Grund gern gesehene Sommergetränke. Die Zubereitung macht allerdings den Unterschied. Ein Collins wird direkt im Glas mit mehr Sodawasser angerichtet und mit vielen Eiswürfeln serviert. Bekannte Collinses sind der Tom Collins, der John Collins oder der Wodka Collins.

Worauf ist bei der Zubereitung mit einem Shaker zu achten?

Cocktails sind auf jeder Party ein gern gesehener Gast. Ganz gleich ob bei Geburtstagen, im Sommerurlaub oder beim geselligen Zusammensein ... mit einem gut gemixten Cocktail können Sie immer punkten. Aber auch die Zubereitung von Cocktails will gelernt sein. Was auf den ersten Blick so einfach scheint, benötigt häufig viel Übung und Energie. Seien Sie nicht desillusioniert, wenn Ihre ersten Shake-Versuche nicht so grazil und galant aussehen wie die der Gastronome. Es ist noch kein Meister vom Himmel gefallen. Mit etwas Training werden Sie den Ablauf und die Techniken bald beherrschen. Im Folgenden möchten wir Ihnen ein paar Tipps und Tricks aufzeigen, worauf Sie bei der Zubereitung eines Cocktails mit dem Shaker achten müssen.

Angemessenen Shaker verwenden:

Bereits vor dem eigentlichen Shake-Vorgang kann man Fehler machen. Wenn man sich vor dem Kauf nicht ausreichend über den Shaker informiert, kann der Cocktail-Abend schnell ins Wasser fallen. Ein für Sie falscher Shaker kostet Sie Geld und Nerven. Beantworten Sie von daher für sich bereits im Vorfeld die Frage nach dem Modell und dem Material und achten Sie darauf, dass der Shaker gut in der Hand liegt und sich problemlos reinigen lässt.

Sauberkeit:

Bevor es ans Shaken geht sollten Sie darauf achten, dass der Shaker auch keine Rückstände von früheren Cocktail-Abenden enthält. Spülen Sie den Gegenstand vor dem Einsatz noch einmal mit warmem Wasser aus, um geschmackliche Beeinträchtigungen zu vermeiden. Auch im Verlauf der Cocktail-Runde sollten Sie den Shaker zwischen den verschiedenen Mixturen kurz ausspülen.

Eiswürfel:

Cocktails werden kalt serviert. Die Verwendung von Eiswürfeln ist von daher von signifikanter Relevanz. Bevor die Zutaten in den Shaker wandern, haben Sie diesen mit Eiswürfeln auszustatten. Aber Eiswürfel ist nicht gleich Eiswürfel. Bei kleinen Eiswürfeln oder Crushed Eis sollte nur kurz geschüttelt werden. Diese verfügen über eine große Oberfläche und können den Drink schnell verwässern.

Zutaten:

Als nächstes sind die jeweiligen Zutaten beizufügen. Hierbei ist genau auf die Mengenangabe zu achten. Der Jigger (Messbecher) sollte von daher immer griffbereit stehen.

Technik:

Kommen wir nun zur Königsdisziplin. Dem Schütteln. Hier ist sehr viel Geschick und Fingerspitzengefühl gefragt. Beobachtungen haben gezeigt, dass selbst routinierte Barkeeper die Drinks falsch shaken. Nachdem der Shaker gut verschlossen ist, sollten Sie ihn in beide Hände nehmen. Ein Daumen liegt dabei auf dem Deckel, während die restlichen Finger den Shaker umfassen. Halten Sie den den Mixbecher jetzt waagrecht auf Brusthöhe und bewegen Sie ihn schnell und abwechseln weg vom Körper und wieder zurück. Stellen Sie abschließend den Shaker auf den Tresen, öffnen Sie ihn und geben Sie die Mixtur ganz vorsichtig durch ein Barsieb in ein vorgekühltes Glas. Man sprichht hierbei vom „abseihen“ oder „strainen“. Fertig!

Dauer und Intensität:

Die Länge und Heftigkeit des jeweiligen Schüttelvorgangs ist von diversen Faktoren abhängig. Verwiesen sei hierbei auf die Größe der Eiswürfel sowie die Menge der Zutaten. Eine genaue Regelung lässt sich hier nicht festlegen. Sie selbst müssen entscheiden, welche Cocktail-Substanz Ihnen am liebsten ist.

Cocktails mit Wodka

Bloody Mary

Der „Bloody Mary“ zählt zu einem der wenigen „herzhaften“ Drinks und wurde in den 20er Jahren des letzten Jahrhunderts kreiert.

Zutaten:

- 5 cl Wodka
- 15 cl Tomatensaft
- 1 cl Zitronensaft
- 1 Spritzer Tabsco
- 1 Spritzer Worcestershiresauce
- etwas Selleriesalz
- etwas Pfeffer

Zubereitung:

Alle Zutaten in einen Shaker mit Eiswürfeln geben und kräftig shaken. Drink in ein vorgekühltes Longdrinkglas geben und mit Salz und Pfeffer verfeinern.

Tipp:

Der Drink ist auch ein gutes Antikatermittel.

Cosmopolitan

Der „Kosmopolit" wird seit den 80ern getrunken und erlangte durch die Serie „Sex and the City" Weltruhm.

Zutaten:

- 4 cl Wodka mit Zitronenaroma
- 1,5 cl Cointreau
- 1,5 cl Limettensaft
- 2 cl Preiselbeersaft

Zubereitung:

Alle Zutaten in einen Shaker mit Eiswürfeln geben und alles gut durchschütteln. Anschließend den Rand eines vorgekühlten Martiniglases mit einer Limettenscheibe einreiben. Jetzt die Mischung aus dem Shaker durch ein Barsieb in das Martiniglas „strainen".

Tipp:

Der Aperitif eignet sich hervorragend für Mädelsabende.

Screwdriver

Der „Screwdriver" zählt zu den Klassikern. Er ist seit den 50er Jahren fester Bestandteil der Cocktail-Szene.

Zutaten:

- 4 cl Wodka
- 10 cl Orangensaft

Zubereitung:

Alle Zutaten mit ein paar Eiswürfel in einen Shaker geben und shaken. Drink durch ein Barsieb in ein vorgekühltes Longdrinkglas geben und mit Orangenscheibe garnieren.

Tipp:

Der Screwdriver kann auch mit Blue Curaçao gemixt werden.

White Russian

Der „White Russian“ erlange Ende der 90er durch den Film „The Big Lebowski“ Weltruhm.

Zutaten:

- 4 cl Wodka
- 4 cl Kaffeelikör
- 6 cl Sahne
- 4 Kaffeebohnen

Zubereitung:

Eiswürfel in einen Tumbler geben. Wodka sowie den Kaffeelikör in den Tumbler gießen und vorsichtig verrühren. Anschließend die Sahne im Shaker schütteln und die dickflüssige Masse behutsam über den Drink geben.

Wissenswert:

Einen „White Russian“ ohne Sahne nennt man „Black Russian“.

Black Russian

Der „Black Russian“ zählt zu einem der populärsten Cocktails auf Rum-Basis und entstand in den 50er Jahren des letzten Jahrhunderts.

Zutaten:

- 4 cl Wodka
- 2 cl Kaffeelikör

Zubereitung:

Wodka und Kaffeelikör in einen Tumbler mit Eiswürfeln geben, mit einem Barlöffel umrühren und genießen.

Tipp:

Den „Black Russian“ kann auch mit Guiness und Cola gemixt werden.

Moscow Mule

Der scharfe Ingwer-Drink „Moscow Mule“ wurde das erste Mal in den 40er Jahren in den USA getrunken. Er wird traditionell in einem Kupferbecher serviert.

Zutaten:

- 4 cl Wodka
- 2 cl Limettensaft
- 200 ml Ginger Ale
- 1 Gurkenscheiben

Zubereitung:

Limettensaft und Wodka in ein vorgekühltes Glas geben. Das ganze mit Ginger Ale auffüllen und mit einer Gurkenscheibe verzieren.

Tipp:

Statt Ginger Ale kann auch Ginger Beer verwendet werden.

Sex on the Beach

Der fruchtig-süße „Sex on the Beach“ ist einer der beliebtesten Longdrinks weltweit. Er darf auf keiner Cocktailkarte fehlen.

Zutaten:

- 4 cl Wodka
- 4 cl Pfirsichlikör
- 8 cl Orangensaft
- 2 cl Cranberrysaft
- 2 cl Zitronensaft
- 1 cl Grenadine

Zubereitung:

Alle Zutaten in einen Shaker mit Eiswürfeln geben und kräftig shaken. Die Mixtur danach durch ein Barsieb in ein Highball-Glass mit Eiswürfeln „abseihen“.

Tipp:

Statt Orangensaft kann auch Ananassaft verwendet werden.

Touch Down

Der „Touch Down“ ist ein populärer Cocktail mit Wodka, welcher nicht nur bei Footballfans beliebt ist.

Zutaten:

- 4 cl Wodka
- 2 cl Apricot Brandy
- 1 cl Grenadine
- 2 cl Zitronensaft
- 10 cl Marakujasaft

Zubereitung:

Alle Zutaten in einen Shaker mit Eiswürfeln geben und gut durchschütteln. Anschließend durch ein Barsieb in ein kühles Cocktailglas „strainen“ und mit Grenadine verfeinern.

Tipp:

Statt Marakujasaft kann auch Orangensaft verwendet werden.

Swimming Pool

Der „Swimming Pool“ wurde 1979 entwickelt und zählt zu einem der beliebtesten Sommercocktails weltweit.

Zutaten:

- 2 cl Wodka
- 6 cl Ananassaft
- 2 cl weißer Rum
- 2 cl Cream of Coconut
- 2 cl süße Sahne
- 1 cl Blue Curaçao

Zubereitung:

Shaker mit Eiswürfeln befüllen. Anschließend alle Zutaten (außer dem Blue Curaçao und der Ananasscheibe) hinzugeben und gut durchschütteln. Drink durch ein Barsieb in ein vorgekühltes Cocktailglas gießen und den Blue Curaçao darübergeben.

Tipp:

Der „Swimming Pool“ ist nicht nur am Pool ein Genuss.

Blue Lagoon

Der spritzig-frische „Blue Lagoon“ zählt seit den 70er Jahren zu einem der begehrtesten Sommercocktails.

Zutaten:

- 4 cl Wodka
- 2 cl Blue Curaçao
- 20 cl Sprite
- 1 cl Zitronensaft

Zubereitung:

Alle Zutaten in einen Shaker mit Eiswürfeln geben und gut durchschütteln. Durch ein Barsieb in ein Lockdrinkglas mit Eiswürfeln „abseihen“.

Tipp:

Der „Blue Lagoon“ kann auch mit Rum gemixt werden.

Wodka Sunrise

Die russische Variante des „Tequila Sunrise“ schmeckt frischer und leichter.

Zutaten:

- 6 cl Wodka
- 12 cl Orangensaft
- 1cl Zitronensaft
- etwas Grenadine

Zubereitung:

Alle Zutaten (außer Grenadine) in einen Shaker mit Eiswürfeln geben und kräftig shaken. Cocktail anschließend durch ein Sieb in ein kühles Longdrinkglas „strainen“ und mit Grenadine abrunden.

Tipp:

Der „Wodka Sunrise“ ist ein Geheimtip für jede Party.

Blue Hawai

Der Name verdankt der Drink seiner blauen Farbe und seinem einzigartigen tropischen und exotischen Geschmackes.

Zutaten:

- 120 ml Ananassaft
- 60 ml Wodka
- 60 ml weißer Rum
- 60 ml Zuckersirup
- 60 ml Zitronensaft
- 4 EL Blue Curaçao
- 1/2 Orange
- Eiswürfel

Zubereitung:

Zuerst den Wodka, Ananassaft, Rum, Zuckersirup, Zitronensaft, Eiswüfel und den Blue Caracao in einem Shaker tun und und stark schütteln. Dann die übrigen Eiswürfel in die Gläser verteilen und in Flüssigkeit aus den Shaker in die beiden Gläser absieben. Am Ende das ganze noch mit Orangenschreiben garnieren.

Tipp:

Für einen noch stärkeren blauen Farbton kann auch noch ein Schuss Blaubeersirup hinzugegeben werden.

Kamikaze

Der Name des starken Cocktails ist eine Anspielung auf die selbstmörderische Aktion eines japanischen Piloten während des zweiten Weltkrieges.

Zutaten:

- 4 cl Wodka
- 1 cl Cointreau
- 2 cl Limettensaft
- 1 cl Zitronensaft
- 1 Limettenscheibe

Zubereitung:

Alle Zutaten mit Eiswürfeln in einen Shaker geben und gut durchschütteln. Das Ergebnis durch ein Sieb in ein vorgekühltes Glas „abseihen“ und servieren.

Tipp:

Der „Kamikaze“ kann auch als Shot getrunken werden.

Madras

Der „Madras“ ist ein verhältnismäßig „junger“ Cocktail. Er lässt sich leicht zubereiten und wird deshalb gerne getrunken.

Zutaten:

- 6 cl Wodka
- 9 cl Orangensaft
- 9 cl Cranberrynektar

Zubereitung:

Alle Zutaten in einen Shaker mit Eiswürfeln geben, kräftig schütteln und in ein vorgekühltes Longdrinkglas „strainen“.

Tipp:

Der „Madras“ kann auch mit etwas Ingwer verfeinert werden.

Cairo Cocktail

Der „Cairo Cocktail“ ist noch ein verhältnismäßig „junger“ Cocktail. Seine auffallende Farbe sowie ein fruchtiger Geschmack machen ihn allerdings zu einem Highlight.

Zutaten:

- 4 cl Wodka
- 12 cl Orangensaft
- 2 cl Zitronensaft
- 2 cl Mandelsirup
- 2 cl Blue Curaçao

Zubereitung:

Eiswürfel in einen Shaker füllen und durch restliche Zutaten ergänzen. Nach kräftigem Schütteln den Cocktail in ein Longdrinkglas mit Eiswürfeln „abseihen“.

Tipp:

Der „weiche“ Cocktail harmoniert ideal mit Snacks wie Nüssen oder Chips.

Wodka Collins

Der „Wodka Collins“ ist ein gefragter Vertreter der „Collins“-Familie. „Collins“ sind Longdrinks mit Alkohol und Zitronensaft, welche ab 1850 die Bars der Welt eroberten.

Zutaten:

- 5 cl Wodka
- 3 cl Zitronensaft
- 2 cl Zuckersirup
- Sodawasser

Zubereitung:

Eiswürfel in ein Longdrinkglas geben. Restliche Zutaten (außer das Sodawasser) hinzugeben und mit einem Barlöffel verrühren. Abschließend den Drink mit Sodawasser auffüllen und mit einer Zitronenscheibe verzieren.

Tipp:

Der „Wodka Collins“ schmeckt auch mit Gin („Tom Collins“).

3.2. Cocktails mit Rum

Daiquiri

Der „Daiquiri“ ist einer der ältesten und bekanntesten Cocktails überhaupt. Der aus Kuba stammende Sour erblickte bereits 1900 das Licht der Welt.

Zutaten:

- 4,5 cl weißer Rum
- 2,5 cl Limettensaft
- 1,5 cl Zuckersirup

Zubereitung:

Alle Zutaten in einen Shaker mit Eiswürfeln geben, schütteln und in ein kühles Martiniglas „strainen“.

Tipp:

Der „Daiquiri“ lässt sich mit Heidelbeeren oder Erdbeeren verfeinern.

Mojito

Der aus Kuba stammende „Mojito" wurde bereits im 16. Jahrhundert getrunken.

Zutaten:

- 4 cl weißer Rum
- 2 cl Limettensaft
- 2 TL Rohrzucker
- 2 Minzstiele

Zubereitung:

Minze, Limettensaft und Zucker in ein Glas geben und mit einem Stößel leicht zerdrücken. Eiswürfel und Rum hinzugeben, umrühren und mit Sodawasser auffüllen.

Tipp:

Der „Mojito" ist der optimale Cocktail für laue Sommerabende.

Cuba Libre

Der „Cuba Libre“ ist ein alter Hase unter den Cocktails. Die politische Anspielung im Namen trug massiv zu dessen Verbreitung bei.

Zutaten:

- 5 cl weißer Rum
- 1 cl frischer Limettensaft
- 12 cl Cola

Zubereitung:

Eiswürfel in einen Shaker geben. Rum und Limettensaft hinzufügen und gut durchschütteln. Danach die Mischung in ein Glas mit Eiswürfeln geben und mit Cola auffüllen.

Tipp:

Der „Cuba Libre“ ist das perfekte Zusammenspiel aus Alkohol und Koffein.

Pina Colada

Der in den 50ern entwickelte „Pina Colada“ ist so begehrt, dass eine ganze Cocktail-Gruppe (Coladas) nach ihm benannt wurde.

Zutaten:

- 6 cl weißer Rum
- 4 cl Cream of Coconut
- 12 cl Ananassaft
- 2 cl Sahne

Zubereitung:

Alle Zutaten in einen mit Eis befüllten Shaker geben und kräftig schütteln. Durch ein Sieb in ein Glas mit Eiswürfeln geben und genießen.

Tipp:

Der „Pina Colada“ sorgt für Karibikfeeling im Alltag.

Mai Tai

Der von Victor Bergeron 1944 kreierte „Mai Tai“ ist Stammgast auf jeder Cocktailkarte.

Zutaten:

- 6 cl brauner Rum
- 2 cl Orangenlikör
- 1 cl Mandelsirup
- 1 cl Zuckersirup
- 5 cl Ananassaft
- 1 cl Limettesaft

Zubereitung:

Eiswürfel in Shaker füllen. Alle Zutaten hinzugeben, gut durchschütteln und in ein vorgekühltes Cocktailglas „strainen“.

Tipp:

Der „Mai Tai“ schmeckt auch mit weißem Rum.

B52

Der Name B52 stammt vom amerikanischen Bomber der US Airforce. Dies beschreibt ganz gut die stärke dieses Drinks!

Zutaten:

- 2 cl Kaffeelikör
- 2 cl Baileys Irish Cream
- 1 cl Strohrum
- Eiswürfel

Zubereitung:

Alle Zutaten werden vorsichtig nacheinander in ein Glas geschichtet. Man beginnt mit dem Kaffeelikör, gibt danach die Irish Cream hinzu und vollendet das ganze dann mit dem hochprozentigen Strohrum, der diesem Shot seine ganz persönliche Note gibt.

Tipp:

Der Rum kann auch angezündet werden. Aber es ist Vorsicht geboten.

Planter`s Punch

Der „Planter`s Punch“ ist der König unter den „Punches“. Er trat das erste Mal um 1850 in Erscheinung.

Zutaten:

- 3 cl weißer Rum
- 3 cl brauner Rum
- 5 cl Orangensaft
- 5 cl Ananassaft
- 1 cl Zitronensaft
- 1 cl Grenadine

Zubereitung:

Eiswürfel und restliche Zutaten in einen Shaker geben und durchschütteln. Durch ein Barsieb in ein vorgekühltes Longdringglas geben und servieren.

Tipp:

Der „Planter`s Punch“ hat diverse leckere Rezeptvarianten.

Zombie

Der kräftige Cocktail verdankt seinen Namen dem Effekt, den er seit den 30er Jahren auf Cocktail-Liebhaber ausübt.

Zutaten:

- 2 cl weißer Rum
- 2 cl dunkler Rum
- 2 cl hochprozentiger Rum
- 2 cl Cointreau
- 2 cl Maracujasirup
- 2 cl Orangensaft
- 2 cl Zitronensaft
- 6 cl Ananassaft
- 2 cl Grendadine

Zubereitung:

Alle Zutaten in einen mit Eiswürfeln befüllten Shaker geben und kräftig schütteln. Drink in ein Cocktailglas mit Eiswürfeln „abseihen".

Tipp:

Der „Zombie" lässt viel Spielraum für Rezeptideen.

Hurricane

Der fruchtig-süße „Hurricane“ entstand zur Zeit der Prohibition in Amerika.

Zutaten:

- 3 cl weißer Rum
- 1 cl dunkler Rum
- 5 cl Orangensaft
- 5 cl Ananassaft
- 2 cl Zitronensaft
- 3 cl Marakujasaft
- 1cl Grenadine

Zubereitung:

Eiswürfel in einen Shaker füllen. Zutaten hinzugeben und durchschütteln. Ergebnis durch ein Barsieb in ein Longdringlas mit Eiswürfeln füllen.

Tipp:

Der exotische Cocktail eignet sich wunderbar als Aperitif.

Bahama Mama

Der „Bahama Mama“ hat sich seinen Weg vom „Touristen-Drink“ von den Bahamas an die Bars der Welt gebahnt.

Zutaten:

- 4 cl weißer Rum
- 2 cl brauner Rum
- 2 cl Kokoslikör
- 4 cl Ananassaft
- 4 cl Orangensaft
- Grenadinensirup

Zubereitung:

Einen Shaker mit Eis und allen Zutaten befüllen und kräftig schütteln. Weitere Eiswürfel in ein Longdrinkglas geben und Drink durch ein Barsieb hineingeben.

Tipp:

Der Grenadinensirup erzeugt eine wunderbare Färbung.

Sunny Side

Dank seines Erfolgs auf der Meisterschaft im Freestyle-Mixen ist der „Sunny Side“ aktuell in aller Munde.

Zutaten:

- 2 cl brauner Rum
- 3 cl weißer Rum
- ein Spritzer Apricot Brandy
- 8 cl Ananassaft
- 2 cl Marakujasaft
- 2 cl Grenadine

Zubereitung:

Einen Shaker mit Eis vorbereiten. Die restlichen Zutaten hineingeben, kräftig shaken und in ein kühles Cocktailglas „seihen“.

Tipp:

Der fruchtige Cocktail ist ideal für alle Sonnenanbeter.

Painkiller

Der „Painkiller“ wurde ursprünglich auf den Britischen Jungferninseln getrunken. Jost Van Dyke hat den Cocktail dort 1970 erfunden.

Zutaten:

- 6 cl dunkler Rum
- 2 cl Cream of Coconut
- 3 cl Orangensaft
- 6 cl Ananassaft
- ein Spritzer Angustora Bitter

Zubereitung:

Alle Zutaten in einen Shaker mit Eiswürfeln füllen. Gut durchschütteln und in ein Glas mit Eiswürfeln „seihen“.

Tipp:

Der „Painkiller“ wird auch Ihre Sorgen vertreiben.

Sweet Tempation

Der „Sweet Tempation“ ist eine der Cocktail-Neuheiten.

Zutaten:

- 4 cl weißer Rum
- 2 cl Batida de Coco
- 6 cl Ananassaft
- 4 cl Maracujasaft
- 2 cl Erdbeer-Sirup
- 2 cl Sahne

Zubereitung:

Alle Zutaten (außer der Sahne) mit den Eiswürfeln in einen Shaker füllen und shaken. Anschließend durch ein Barsieb in ein Cocktailglas füllen. Sahne anschlagen und auf den Drink geben.

Tipp:

Die süßeste Versuchung seit es Cocktails gibt.

Snow White

Der „Snow White“ ist wegen seiner Färbung an die Märchenfigur Schneewittchen angelehnt.

Rezept:

- 5 cl weißer Rum
- 1 cl Limettensaft
- 1 cl Ananassaft
- 2 cl Zuckersirup
- ein wenig Eiweiß

Zubereitung:

Ananassaft, Limettensaft, Zucker und Eiweiß zuerst in einem Shaker ohne Eis schütteln. So wird das Eiweiß aufgelöst. Anschließend Eis und Rum in den Shaker geben und erneut schütteln. Drink durch ein Barsieb in ein kühles Cocktailglas „abseihen“.

Tipp:

Eigelb und brauner Rum können die Farbe intensivieren.

Grüne Frische

Der Name verdankt dieser Cocktail seiner grünen Elemente durch das Basilikum und durch dir Frische der Minze.

Zutaten:

- 3 Basilikumblätter
- 5 Pfefferminzblätter
- 1 Tl brauner Zucker
- 1 El Zitronensaft
- 4 cl weißer Rum
- 2 Eiswürfel
- Mineralwasser

Zubereitung:

3 Basilikumbl'ätter und 5 Pfefferminzblätter in ein Glas geben. Dann ein TL brauner Zucker und 1 EL Zitronensaft hinzu und mit dem Stößel kleinmahlen. Dann 4 Cl weißen Rum zugeben und mit dem Barlöffel oder einer Gabel umrühren.
Nun 2 Eiswürfel in ein das Glas geben und nach belieben mit etwas Mineralwasser auffüllen.

Tipp:

Es kann auch eine grüne Limette verwendet werden.

Santa Muerte

Obgleich der Cocktail und die Figur der „Santa Muerte“ eng mit der lateinamerikanischen Kultur verbunden ist, stellt der Revolte Rum eine Verbindung zu Worms her.

Zutaten:

- 6 cl Rum
- 3 cl Limettensaft
- 2 cl Zuckersirup

Zubereitung:

Alle Zutaten mit Eiswürfeln in einen Shaker geben und durchschütteln. Cocktailglas mit Kirschbrand und Mezcal aufsprühen und vorkühlen. Drink ins Glas geben und genießen.

Tipp:

Für die Zubereitung empfiehlt sich Revolte Rum.

Old Cuban

Der „Old Cuban“ ist gar nicht so alt. Er wurde 2002 von Audrey Saunders kreiert.

Zutaten:

- 45 ml dunkler Rum
- 60 ml Champagner
- 30 ml Zuckersirup
- 20 ml Limettensaft
- 6 Minzblätter

Zubereitung:

Limettensaft, Zuckersirup und Minzblätter in einem Shaker vorsichtig mit einem Stößel zerstoßen. Rum und Eis beifügen und shaken. Alles durch ein Sieb in eine kühle Cocktailschale geben und mit Champagner auffüllen.

Tipp:

Der süffige „Old Cuban“ ist die Shortdrink-Variante des „Mojito“.

Cocktails mit Whisky

Whisky Sour

Der „Whisky Sour“ ist ein zeitloser Klassiker. Er wurde 1870 das erste Mal erwähnt.

Zutaten:

- 5 cl Bourbon Whiskey
- 2 cl Zuckerrohr-Sirup
- 2 cl Zitronensaft

Zubereitung:

Alle Zutaten in einen Shaker mit Eis geben, schütteln und anschließend in ein kühles Whiskyglas „strainen“.

Tipp:

Der „Whisky Sour“ kann auch mit Eiweiß gemixt werden.

Old Fashioned

Der 1806 entwickelte „Old Fashioned“ gilt als einer der Urväter der Cocktails.

Zutaten:

- 6 cl Whisky
- 1 Zuckerwürfel
- ein wenig Angostura-Bitters

Zubereitung:

Zuckerwürfel und Angostura-Bitters in ein Glas geben. Den vollgesaugten Würfel mit einem Stößel zerkleinern. Eiswürfel und Whisky in das Glas geben und mit einer Orangenscheibe garnieren.

Tipp:

Der „Old Fashioned“ kann mit Bourbon oder Scotch zubereitet werden.

Mint Julep

Die Ursprünge des „Mint Julep“ reichen bis ins 18. Jahrhundert zurück.

Zutaten:

- 6 cl Bourbon Whiskey
- 2 TL Wasser
- 1 TL Puderzucker

Zubereitung:

Minzzweige, Puderzucker und etwas Wasser in ein Highball Glass geben und mit einem Holzstößel vorsichtig zerstoßen. Crushed Ice und Whisky beifügen und mit einem Barlöffel verführen.

Tipp:

Der „Mint Julep“ kann auch mit Angostura verfeinert werden.

Irish Coffee

Der „Irish Coffee“ erwärmte ursprünglich Passagiere an einem Flughafen im Westen Irlands. Joe Sheridan entwickelt ihn in den 40er Jahren.

Zutaten:

- 4 cl irischer Whiskey
- 9 cl Kaffee (heiß)
- 1 Tl brauner Zucker
- 3 cl Sahne

Zubereitung:

Whiskey erwärmen und mit dem Kaffee in ein Glas geben und durch Zucker ergänzen. Sahne schlagen und vorsichtig auf den Kaffee schichten.

Tipp:

Der „Irish Coffee“ muss nicht verrührt werden.

Rob Roy

Der „Rob Roy“ ist einer der wenigen Cocktails mit Scotch. Seinen Namen verdankt er dem schottischen Freiheitskämpfer Rob Roy.

Zutaten:

- 4 cl Scotch Whisky
- 4cl Vermouth Bianco
- ein Spritzer Angostura-Bitter
- 1 Cocktailkirsche

Zubereitung:

Eis in ein Mixglas geben. Vermouth, Whiskey und Angostura beifügen und umrühren. Mix anschließend in ein gekühltes Martiniglas geben.

Tipp:

Der „Rob Roy“ ist die würzige Variante des „Manhattan“.

Morning Dew

Der „Morgentau“ ist noch ganz frisch im Cocktail-Gewerbe.

Zutaten:

- 3 cl Whiskey (Irish)
- 2 cl Crème de Bananes
- 1 cl Blue Curaçao
- 4 cl Grapefruitsaft
- 1 Portion Eiweiß

Zubereitung:

Zutaten in einen Shaker mit Eis geben, schütteln und alles in ein vorgekühltes Glas „strainen“.

Tipp:

Für den „Morning Dew“ empfiehlt sich ein Tumblerglas.

Amber Moon

Der Cocktail erlangte durch den Film „Mord im Orientexpress“ (1974) weltweite Berühmtheit.

Zutaten:

- 9 cl Whiskey
- 1 Ei
- ein Spritzer Tabasco
- ein Spritzer Worchester-Soße

Zubereitung:

Ei in ein Longdrinkglas geben. Whiskey, Tabasco und Worchestersoße hinzugeben und mit einem Barlöffel verrühren.

Tipp:

Der „Amber Moon“ kann auch mit Wodka zubereitet werden.

Boston Ward 8

Der „Boston Ward 8“ wurde 1898 von Tim Hussion entwickelt und nach seinem Entstehungsort benannt.

Zutaten:

- 9 cl Bourbon Whiskey
- 3 cl Zitronensaft
- 1,5 cl Orangensaft
- 1,5 cl Grenadine

Zubereitung:

Alle Zutaten in einen mit Crushed Eis gefüllten Shaker geben und gut durchschütteln. Anschließend durch ein Sieb in ein vorgekühltes Cocktailglas „abseihen“.

Tipp:

Ein Spritzer Sodawasser macht den Drink noch spritziger.

Colnel Collins

Der „Colnel Collins“ ist ein Vertreter der 1850 erschienen Collins-Familie.

Zutaten:

- 5 cl Bourbon Whiskey
- 2 cl Zitronensaft
- 2 cl Zuckerrohr-Sirup
- 10 cl Sodawasser

Zubereitung:

Alle Zutaten (außer Sodawasser) in einen mit Eis gefüllten Shaker geben und kräftig schütteln. Drink in ein Glas mit Eiswürfeln „abseihen“ und mit Sodawasser aufgießen.

Tipp:

Der „Colnel Collins“ kann auch mit Angostura-Bitter verfeinert werden.

Highball

Der „Highball“ ist ein Vertreter der Highball-Familie. Er ist eng mit dem „Whiskey Soda“ verwandt, welcher seit dem 19. Jahrhundert getrunken wird.

Zutaten:

- 4 cl Whisky
- 1 cl Zitronensaft
- 12 cl Ginger Ale

Zubereitung:

Whiskey und Zitronensaft in ein Longdrinkglas mit Eiswürfeln geben, umrühren und mit Ginger Ale auffüllen.

Tipp:

Der Highball lässt sich auch mit Angostura-Bitter verfeinern.

Cocktails mit Gin

Dry Martini

Der „Dry Martini“ wurde das erste mal 1904 erwähnt. Er ist der bekannteste und beliebteste Vertreter der Martini-Familie.

Zutaten:

- 5 cl Gin
- 1 cl Wermut (trocken)
- 1 Olive

Zubereitung:

Wermut in einen Shaker mit Eiswürfeln geben. Wermut im Shaker durch Gin ersetzen und mit einem Rührstab verrühren. Drink in ein Martiniglas ohne Eiswürfel geben.

Tipp:

Der „Martini Dry“ lässt Spielraum für viele Rezeptideen.

Gin Fizz

Der Cocktail-Gigant ist über 150 Jahre alt und entstammt der Fizz-Familie.

Zutaten:

- 5 cl Gin
- 3cl Zitronensaft
- 1 cl Zuckersirup
- 8 cl Mineralwasser

Zubereitung:

Alle Zutaten mitsamt Eiswürfeln in einen Shaker geben und gut durchschütteln. Das Getränk durch ein Sieb in einen Tumbler geben und mit Mineralwasser auffüllen.

Tipp:

Der „Gin Fizz“ wird geschüttelt und nicht gerührt.

Negroni

Der „Negroni“ wurde nach seinem Schöpfer Graf Camillo Negroni benannt. 1920 entstand in Italien diese „stärkere“ Variante des „Americano“.

Zutaten:

- 3 cl Dry Gin
- 3 cl roter Wermut
- 3 cl Campari

Zubereitung:

Eiswürfel in einen Tumbler geben. Die restlichen Zutaten hinzugeben und alles vorsichtig mit einem Barlöffel umrühren.

Tipp:

Ein Barmaß sorgt für die korrekte Mischung.

Pink Lady

Der rosafarbene „Pink Lady“ soll Anfang der 20 Jahre von derSociety-Dame Elsie de Wolfe entwickelt worden sein.

Zutaten:

- 4 cl Gin
- 1 TL Zitronensaft
- 1 Eiweiß
- 1 BL Puderzucker
- etwas Grenadine

Zubereitung:

Zutaten in einen Shaker voller Eiswürfel geben, kräftig schütteln und durch ein Barsieb in ein vorgekühltes Glas „strainen“.

Tipp:

Der Frauencocktail erlaubt viel Spielraum für kreative Rezeptvarianten.

Gin & Coffee

Der Gin & Coffee ist ein schmackhafter Drink mit belebender Wirkung!

Zutaten:

- 4 cl Gin
- 6 cl Espresso
- 5 cl Tonkabohnsirup
- 1 Stiehl Thymian
- Crushed Ice

Zubereitung:

Gin, Espresso, Sirup und das Crushed Ice kräftig in einem Shaker durchschütteln. Eiswüfel auf zwei Gläser verteilen und den Drink vom Shaker aus aufgießen. Dann den gewaschenen Thymian Stiehl in das Glas stecken.

Tipp:

Es kann auch ein normaler schwarzer Americano Kaffee verwendet werden. Die belebende Wirkung fällt dann aber weniger stark aus. Für Koffeinempfindliche Menschen kann auch ein entkoffeinierter Kaffee verwendet werden.

Gin & Tonic

Der aus England stammende „Gin & Tonic“ ist einer der bekanntesten Longdrinks überhaupt.

Zutaten:

- 4 cl Gin
- 1 cl Limettensaft
- Zitrone
- Tonic Water

Zubereitung:

Limettensaft, Zitronenscheibe, Gin und Tonic Water in ein hohes Glas mit Eiswürfeln geben.

Tipp:

Beim „Gin & Tonic“ kann man in Zubereitung und Zutaten variieren.

Vesper

Der Vesper Drink vereint Frische mit Stärke. Er ist hochprozentig und sauer.

Zutaten:

- 6 cl Gin
- 1.5 cl Vodka
- 0.75 cl Lillet Blonde
- Eiswürfel

Zubereitung:

Alle Zutaten müssen in einen mit Eiswürfeln gefüllten Cocktailshaker gegeben werden und gut durchgeschüttelt werden. Danach in alles in ein gekühltes Cocktailglas abseihen.

Tipp:

Zum granieren kann eine Zitronenspirale verwendet werden.

Aviation

Der „Aviation“ wurde 1912 von Hugo Esslin entwickelt.

Zutaten:

- 6 cl Gin
- 1 cl Veilchenlikör
- 3 cl Zitronensaft

Zubereitung:

Alle Zutaten in einen Shaker mit Eis geben, gut schütteln, in ein Cocktailglas ohne Eis geben und verrühren

Tipp:

Die markante Farbe entsteht nur durch den Veilchenlikör.

Clover Club

Der „Clover Club" ist nach dem gleichnamigen Gentlemansclub benannt.

Zutaten:

- 6 cl Gin
- 2 cl Zitronensaft
- 2 cl Zuckersirup
- 1 BL Himbeersirup
- 1 Eiweiß

Zubereitung:

Eiswürfel in einen Shaker geben. Zutaten hinzufügen und alles durchschütteln. Anschließend Inhalt durch ein Barsieb in ein Cocktailglas geben.

Tipp:

Den Himbeersirup kann man problemlos selbst herstellen.

Gin Julep

Der „Gin Julep“ ist einer der ältesten Cocktails weltweit. Er wurde bereits im frühen 19 Jahrhundert in Europa und Amerika zubereitet.

Zutaten:

- 6 cl Gin
- 3 cl Limettensaft
- 3 cl Blue Curaçao
- ein Spritzer Soda
- 5 Minzblätter

Zubereitung:

Minzblätter und Blue Curaçao in einen Shaker geben und mit einem Stößel zerkleinern. Gin, Eiswürfelund Limettensaft beifügen und durchschütteln. Alles durch ein Barsieb in ein Glas mit Crushed Eis „strainen“.

Tipp:

Der Begriff „Julep“ leitet sich aus dem persischen Wort „julab“ für Rosenwasser ab.

Blueberry Buck

„Blueberry Buck“ war der Sommerdrink 2017.

Rezept:

- 4 cl Gin
- 1 cl Zitronensaft
- 6 cl Ginger Ale
- 12 Heidelbeeren

Zubereitung:

Heidelbeeren und Zitronensaft in einen Shaker geben und mit einem Stößel zerkleinern. Gin und Eiswürfel hinzufügen und shaken. Drink durch ein Barsieb in ein Glas mit Eiswürfeln „abseihen“ und mit Ginger Ale auffüllen.

Tipp:

Statt Ginger Ale kann auch Ginger Beer verwendet werden.

Gin Basil Smash

Der 2008 in Ulm g entwickelte „Gin Basil Smash" ist heute schon ein Klassiker in den Cocktail-Bars.

Zutaten:

- 6 cl Gin
- 3 cl Zitronensaft
- 2 cl Zuckersirup
- Basilikum

Zubereitung:

Zuckersirup und 3 Basilikumblätter in einen Shaker geben und mit einem Stößel zerstoßen. Gin, Zitronensaft und Eiswürfel hinzufügen, shaken und durch ein Barsieb in ein vorgekühltes Glas „seihen".

Tipp:

Ein „Smash" ist eine vereinfachte Version des „Julep".

5. Cocktails mit Tequila

Margarita

Die „Königin“ unter den Cocktails erfreut seit 1950 Tequila-Fans weltweit.

Zutaten:

- 3,5 cl Tequila
- 2 cl Cointreau
- 2 cl Limettensaft

Zubereitung:

Vorgekühlte Cocktailschale mit Limetten und Salzrand verzieren. Danach die Zutaten mit Crushed Eis in einen Shaker füllen, gut durchschütteln und das Ergebnis durch ein Barsieb in die Schale „abseihen“.

Tipp:

Der „Margarita“ lässt sich beliebig mit diversen Fruchtsäften verfeinern.

Tequila Sunrise

Der „Tequila Sunrise“ verdankt seinen Namen seiner charakteristischen Färbung. Der 1920 in Mexiko erschaffene Drink zählt zu einem der begehrtesten Cocktails.

Zutaten:

- 4 cl Tequila
- 15 cl Orangensaft
- 2 cl Grenadine
- 2 Orangenscheiben

Zubereitung:

Ein paar Eiswürfel in ein Highball Glas geben. Tequila und den Orangensaft in das Glas füllen und mit etwas Grenadine abrunden.

Tipp:

Frisch gepresste Säfte machen den „Tequila Sunrise“ nicht nur lecker, sondern auch gesund.

The Monroe

Der Name des Cocktails bezieht sich auf die Stilikone Marilyn Monroe. Bert Jechmann erreichte damit das Finale der Diageo World Class 2013.

Zutaten:

- 50 ml Tequila (weiß)
- 30 ml Zitronengras-Sirup
- 30 ml frischer Limettensaft
- 30 ml Eiweiß

Zubereitung:

Zutaten in einen Shaker geben und gut durchschütteln. Eiswürfel hinzugeben und erneut shaken. Den Drink durch ein Barsieb in ein vorgekühltes Cocktailglas geben.

Tipp:

Zur geschmacklichen Abrundung kann das Cocktailglas mit einem Salzrand garniert werden.

Zorro

Der Cocktail wurde nach dem fiktionalen Volkshelden „Zorro“ benannt.

Zutaten:

- 4 cl Tequila (weiß)
- 2 cl Orangenlikör
- 1 cl Blue Curaçao
- 4 cl Grapefruitsaft
- Tonic Water

Zubereitung:

Alle Zutaten (außer Tonic Water) mit Eiswürfel in einen Shaker geben und gut durchschütteln. Cocktail durch ein Barsieb in ein Longdrinkglas mit Eiswürfeln gießen und mit Tonic Water auffüllen.

Tipp:

Der „Zorro“ ist fruchtig aber gefährlich.

Tequila Sour

Der „Tequila Sour" ist ein verhältnismäßig junger Vertreter aus der Familie der Sour.

Zutaten:

- 4 cl Tequila (weiß)
- 3 cl Zitronensaft
- 1 cl Zuckersirup
- Sodawasser

Zubereitung:

Tequila, Zitronensaft, Zuckersirup und Eiswürfel in einen Shaker geben und gut durchschütteln. Drink ohne Eiswürfel in ein Whiskyglas füllen und mit Sodawasser aufgießen.

Tipp:

Der „Tequila Sour" kann auch mit Eiswürfeln genossen werden.

Eldorado

Der Name des Cocktails bezieht sich auf das legendäre Goldland Eldorado in Südamerika.

Zutaten:

- 5 cl Tequila (gold)
- 1 cl Creme de Bananes
- 4 cl Orangensaft
- 4 cl Ananassaft
- 4 cl Bananennektar

Zubereitung:

Zutaten in einen Shaker mit Eiswürfeln geben, kräftig durchschütteln und durch ein Barsieb in ein vorgekühltes Longdrinkglas „abseihen“.

Tipp:

Statt Creme de Bananes kann auch Eierlikör verwendet werden.

Tequila Sunset

Der „Tequila Sunset" ist eine stärkere Variante des „Tequila Sunrise".

Zutaten:

- 4 cl Tequila (gold)
- 6 cl Orangensaft
- 6 cl Maracujasaft
- 1 Spritzer Blue Curaçao

Zubereitung:

Tequila, Orangensaft und Maracujasaft zusammen mit ein paar Eiswürfeln in einen Shaker geben und gut durchschütteln. Ergebnis durch ein Barsieb in ein Longdrinkglas füllen und Eiswürfel hinzugeben. Für die Farbe ein wenig Blue Curaçao beifügen.

Tipp:

Der „Tequila Sunset" kann mit Creme de Cassis verfeinert werden.

Blue Ocean

Der „Blue Ocean“ verdankt seinen Namen der durch den Blue Curaçao erzeugten blauen Färbung.

Zutaten:

- 3 cl Tequila (weiß)
- 6 cl Grapefruit-Saft
- 1 cl Maracujasirup
- 3 cl Blue Curaçao
- 10 cl Zitronenlimonade

Zubereitung:

Alle Zutaten in einen mit Eiswürfeln befüllten Shaker geben und gut und kräftig schütteln. Drink durch ein Barsieb in ein Martiniglas mit Eiswürfeln geben.

Tipp:

Der „Blue Ocean“ lässt sich auch mit Wodka zubereiten.

Latin Lover

Der „Latin-Lover“ zählt zu einem der Klassiker unter den Cocktails auf Tequila-Basis.

Zutaten:

- 3 cl Tequila (weiß)
- 2 cl Cachaça
- 1cl Zitronensaft
- 2 cl Limettensaft
- 5 cl Ananassaft

Zubereitung:

Eiswürfel in einen Shaker füllen und durch alle Zutaten ergänzen. Alles gut durchschütteln und in ein vorgekühltes Tumblerglas geben.

Tipp:

Der „Latin Lover“ kann auch in einem Longdrinkglas angerichtet werden.

Green Poison

Der „Green Poison“ verdankt seinen Namen seiner giftig-grünen Färbung.

Zutaten:

- 4 cl Tequila
- 10 cl Maracujasaft
- 2 cl Kokossirup
- 2 cl Blue Curaçao
- 2 cl Zitronensaft

Zubereitung:

Eiswürfel und restliche Zutaten in einen Shaker geben, kräftig schaken und durch ein Barsieb in ein vorgekühltes Longdrinkglas „abseihen“.

Tipp:

Der „Green Poison“ kann mit einem Spritzer Malibu verfeinert werden.

6. Cocktails Sparkling

Champagne Cocktail

Der „Champagne Cocktail“ ist der Urvater unter den Champagner-Cocktails. Er wird bereits seit der ersten Hälfte des 20. Jahrhunderts serviert.

Zutaten:

- 9 cl Champagner
- etwas Angostura Bitter
- 1 Zuckerwürfel

Zubereitung:

Als erstes den Zuckerwürfel mit ein wenig Angostura-Bitter benetzen und ihn danach in ein Champagnerglas geben. 2 Eiswürfel ins Glas geben und das ganze vorsichtig mit Champagner auffüllen.

Tipp:

Ein Spritzer Cognac rundet den Geschmack des „Champagne Cocktail“ ab.

Mimosa

Den „Mimosa“ kennt man auch als „Buck`s Fizz“. Er wurde 1925 im Hotel Ritz Paris das erste Mal serviert.

Zutaten:

- 7,5 cl Champagner
- 7,5 cl Orangensaft

Zubereitung:

Orangensaft in ein Champagnerglas geben. Anschließend das Glas behutsam mit Champagner auffüllen und mit einer Orangenscheibe verzieren.

Tipp:

Statt Champagner kann auch Sekt verwendet werden.

Kir Royal

Der „Kir Royal“ ist die noblere Variante des herkömmlichen „Kir“. Er wird mit Champagner statt mit Weißwein zubereitet.

Zutaten:

- 10 cl Champagner
- 1 cl Cassislikör

Zubereitung:

Cassislikör in einen Champagnerkelch geben und vorsichtig mit Champagner auffüllen.

Tipp:

Der „Kir Royal“ eignet sich wunderbar als Getränk für Silvester oder anderweitige Feierlichkeiten.

Bellini

Der nach dem italienischen Maler Giovanni Bellini benannte Cocktail wurde in den 30er Jahren des 20. Jahrhunderts von Guiseppe Cipriani in „Harry`s Bar“ in Venedig kreiert.

Zutaten:

- 1 reifer Pfirsich
- 10 cl Champagner
- etwas Zuckersirup

Zubereitung:

Zuerst den geschälten Pfirsich in einen Mixer geben und gut pürieren. Anschließend durch ein Barsieb in ein Sektglas mit Eiswürfeln „abseihen“. Püree vorsichtig mit Champagner aufgießen, mit Zuckersirup versüßen und mit einem Barlöffel verrühren.

Tipp:

Der „Bellini“ lässt sich alternativ auch mit anderen Obstsorten zubereiten.

Champagner-Flip

Der „Champagner Flip“ ist der wohl edelste Vertreter aus der Familie der Flips.

Zutaten:

- 2 cl Weinbrand
- 2 cl Grand Marnier
- 1 Eigelb
- Champagner

Zubereitung:

Eiswürfel in einen Shaker geben. Weinbrand, Grand Marnier und Eigelb ebenfalls in den Shaker geben und alles gut durchschütteln. Anschließend den Mix durch ein Barsieb in ein Champagnerglas „abseihen“ und vorsichtig mit Champagner auffüllen.

Tipp:

Der „Champagner-Flip“ kann alternativ auch mit Weißwein, Brandy oder Cognac zubereitet werden.

Ritz

Seinen Namen verdankt der Cocktail dem gleichnamigen Nobelhotel.

Zutaten:

- 2 cl Cognac
- 1 cl Cointreau
- 2 cl Orangensaft
- Champagner

Zubereitung:

Cognac, Cointreau und Orangensaft in einen Shaker mit Eiswürfeln füllen, kräftig schütteln, durch ein Barsieb in ein Champagnerglas „abseihen“ und mit Champagner auffüllen.

Tipp:

Statt Champagner kann natürlich auch Sekt verwendet werden.

French 75

Der „French 75“ verdankt seinen Namen einer französischen Kanone während des Ersten Weltkrieges. Der Cocktail wurde das erste Mal in den 20er Jahren im „Stork Club“ in New York serviert.

Zutaten:

- 2 cl Gin
- 1 cl Zitronensaft
- 1 cl Zuckerrohr-Sirup
- 10 cl Champagner

Zubereitung:

Eiswürfel in einen Shaker geben. Anschließend Gin, Zitronensaft und Zuckerrohr-Sirup hinzugeben und ordentlich shaken. Cocktail durch ein Barsieb in ein vorgekühltes Champagnerglas „abseihen“ und mit Champagner auffüllen.

Tipp:

Statt Gin kann man auch Congac verwenden.

Air Mail

Der Name des in den 30er Jahren in Amerika entstandenen Cocktails stellt eine Verbindung zur Luftfahrt her.

Zutaten:

- 6 cl Rum (gold)
- 2 cl Limettensaft
- 1 TL Honig
- Champagner

Zubereitung:

Rum, Limettensaft und Honig in einen Shaker mit Eiswürfeln geben, ordentlich shaken, durch ein Barsieb in ein Champagnerglas geben und mit Champagner auffüllen.

Tipp:

Bei der Zubereitung des „Air Mail“ kann zwischen verschiedenen Rum- oder Honigsorten variieren.

Sparkling Sensation

Der Cocktail ist dank des Proseccos kombiniert mit dem Aperol und dem kohlensäurehaltigen Mineralwasser eine wahre Sparkling Sensation.

Zutaten:

- 6 cl Prosecco
- 4 cl Aperol
- Mineralwasser (mit Kohlensäure)
- Eiswürfel
- Orangenscheibe zum Garnieren

Zubereitung:

Den Prosecco und Aperol in einen mit Eiswürfeln gefüllten Tumbler geben und einige Spritzer kohlensäurehaltiges Mineralwasser hinzugeben.

Tipp:

Zum granieren kann auch noch e eine Orangenscheibe verwendet werden.
Auf keinen Fall in einem Cocktailshaker schütteln.

Aperol Royal

Der „Aperol Royal“ ist eine abgewandelte Variante des „Aperol Spritz“.

Zutaten:

- 6 cl Prosecco
- 4 cl Aperol
- etwas Kirschsaft

Zubereitung:

Eiswürfel in ein Sektglas geben. Aperol und einen Spritzer Kirschsaft in das Glas gießen und das ganze mit Prosecco auffüllen.

Tipp:

Der „Aperol Royal“ kann mit oder ohne Eiswürfel getrunken werden.

Rote Perle

Die „Rote Perle“ verdankt ihren Namen ihrer roten Färbung.

Zutaten:

- 3 cl Brombeerlikör
- 1 Ananasscheibe
- Champagner

Zubereitung:

Brombeerlikör in ein Champagnerglas mit 1 Eiswürfel geben und mit Champagner auffüllen.

Tipp:

Ein kühler Drink für heiße Tage.

Cocktails Special

Caipirinha

Der „Caipirinha“ ist einer der beliebtesten Cocktails weltweit. Er wird seit dem Ende des Ersten Weltkrieges getrunken.

Zutaten:

- 10 cl Cachaca (weißer Zuckerrohrschnaps)
- 6 TL Rohrzucker
- 2 Limetten

Zubereitung:

Als erstes sind die Limetten zu zerkleinern. Anschließend sind die Limetten und der Zucker in ein Glas zu geben und mit einem Stößel zu zerkleinern. Nach der Beigabe von Crushed Ice ist der Cachaca hinzuzufügen und alles gut umzurühren.

Tipp:

Vor dem Genuss gut verrühren, damit der Zucker sich ausbreitet.

Long Island Ice Tea

Der seit den 70er Jahren kursierende Cocktail enthält weder Tee noch Eistee.

Zutaten:

- 2 cl Gin
- 2 cl Rum (weiß)
- 2 cl Wodka
- 1 cl Triple sec
- 2 cl Tequila
- 1 cl Zitronensaft
- 2 cl Orangensaft
- Cola

Zubereitung:

Alle Zutaten (außer Cola) in einen Shaker mit Crushed Eis geben und gut durchschütteln. Mischung danach durch ein Barsieb in ein Glas mit Eiswürfeln „abseihen“ und mit Cola auffüllen.

Tipp:

Der „Long Island Ice Tea“ ist sehr stark.

Electric Ice Tea

Der „Electric Ice Tea“ ist die weibliche Form des „Long Icland Ice Tea“.

Zutaten:

- 3 cl Gin
- 3 cl Rum (weiß)
- 3 cl Wodka
- 1 cl Tequila
- 1 cl Triple sec
- etwas Blue Curacao
- Zitronenlimonade

Zubereitung:

Alle Zutaten (außer Zitronenlimonade) in einen Shaker mit Eiswürfeln geben, shaken, in ein kühles Glas „strainen“ und mit Zitronenlimonade auffüllen.

Tipp:

Der Blue Curacao sorgt für die markante Färbung.

R.I.P.

Sinen Namen verdankt der „R.I.P.“ seiner tödlichen Mischung.

Zutaten:

- 4 cl Tequila
- 4 cl Wodka
- 4 cl Gin
- 2 cl Triple sec
- 2 cl Grenadine
- 4 cl Limettensaft
- 2 cl Zitronensaft
- 6 cl Maracujasaft

Zubereitung:

Alle Zutaten in einen Shaker mit Eiswürfeln geben, schütteln und in ein Longdrinkglas mit Crushed Ice „abseihen“.

Tipp:

Weniger Zitronen- und Limettensaft machen den Drink weniger sauer.

Blond Angel

Der Name verdankt der Longdrink seiner beigen und blonden Farben und dem himmlisch cremigen Geschmack!

Zutaten:

- 5 cl Eierlikör
- 10 cl Orangensaft
- Kugel Vanille-Eis

Zubereitung:

Ein Shaker muss zu etwa einem Drittel mit gestoßenem Eis gefüllt werden. Als nächstes den Eierlikör dazugeben und kurz schütteln. Danach noch einmal kurz durchrühren und mit 10Cl Orangensaft auffüllen. Zwischenzeitlich ein Longdringglas mit einer Kugel Vanillie befüllen. Danach ein weiteres mal Rühren und dann im einem Longdringglas servieren.

Tipp:

Es können auch andere helle Eissorten wie Straciatella und Banane verwendet werde.

Darth Vader

Die „böse Mischung“ wurde nach dem Antagonisten aus „Star Wars“ benannt.

Zutaten:

- 2 cl Gin
- 2 cl Rum (weiß)
- 2 cl Tequila
- 1 cl Triple sec
- 2 cl Orangensaft
- 1 cl Zitronensaft
- Kräuterlikör

Zubereitung:

Alle Zutaten (außer Kräuterlikör) mit Eiswürfeln in einen Shaker geben, kräftig schütteln, in ein Longdrinkglas mit Crushed Ice geben und mit Kräuterlikör auffüllen.

Tipp:

Als Kräuterlikör empfiehlt sich Jägermeister.

Hellfire

Der „Hellfire ist stärker als der „Zombie".

Zutaten:

- 4 cl Wodka Black
- 2 cl Cachaca
- 2 cl Tequila
- 2 cl brauner Rum
- 2 cl Triple sec
- 3 cl Zuckersirup
- 2 cl Limettensaft
- 1 cl Grenadine
- 16 cl Blutorangensaft
- 6 cl Blutorantensaft

Zubereitung:

Alle Zutaten mit Eiswürfeln in einen Shaker geben, durchschütteln und in ein kühles Glas „strainen".

Tipp:

Der Drink schmeckt auch mit Mandelsirup und Amaretto.

Adios Motherfucker

Nach dem „Adios Motherfucker" haben sich schon viele verabschiedet.

Zutaten:

- 2 cl Wodka
- 2 cl brauner Rum
- 2 cl Tequila
- 2 cl Gin
- 2 cl Blue Curacao
- 6 cl Zitronenlimonade

Zubereitung:

Spirituosen in ein vorgekühltes Longdrinkglas geben, abwarten, Drink mit Zitronenlimonade auffüllen und umrühren.

Tipp:

Der „Adios Motherfucker" ist stark und lecker.

Death in the Afternoon

Der Drink wurde nach eine Roman von Ernest Hemingway benannt.

Zutaten:

- 8 cl Champagner
- 2 cl Absinth

Zubereitung:

Absinth in ein Champagnerglas geben, Eiswürfel hinzugeben und mit Champagner auffüllen.

Tipp:

Der „Death in the Afternoon“ schmeckt nicht nur am Nachmittag.

Waikiki Beachcomber

Bereits der Name des Cocktails verspricht Sommerfeeling und Urlaubslaune.

Zutaten:

- 3 cl Gin
- 3 cl Cointrau
- etwas Cranberrysirup
- etwas Ananassaft

Zubereitung:

Cointreau, Gin, Cranberrysirup und Eiswürfel in einen Shaker geben und kräftig durchschütteln. Anschließend den Drink in ein kühles Glas mit Eiswürfeln geben und mit Wasser auffüllen.

Tipp:

Der „Waikiki Beachbomber" ist der perfekte Drink für jede Beachparty.

Singapore Sling

Der zu den Punches gehörende „Singapore Sling machte das Raffles Hotel in Singapur populär.

Zutaten:

- 3 cl Gin
- 1 cl Krischlikör
- 1 cl Cointreau
- etwas Bénédictine
- etwas Angostura-Bitter
- Limettensaft
- Ananassaft

Zubereitung:

Alle Zutaten mit Eis in einen Shaker geben und ordentlich durchschütteln. Anschließend Drink durch ein Barsieb in ein mit Eiswürfeln gefülltes Longdrinkglas füllen und mit Limetten- und Ananassaft aufgießen.

Tipp:

Ein gekonntes Zusammenspiel aus Frucht und Exotik.

3.8. Alkoholfreie Cocktails für Kinder

Summer Cooler

Der „Summer Cooler“ ist die optimale Erfrischung für coole Kids.

Zutaten:

- 2 cl Limettensirup
- 8 cl Kirschnektar
- Ginger Ale

Zubereitung:

Limettensirup und Kirschsaft in ein Glas mit Eiswürfeln füllen und alles mit eine Barlöffel vermischen. Das Getränk mit Ginger Ale aufgießen und, bei Bedarf, mit einer Cocktailkirsche verzieren.

Tipp:

Statt einer Cocktailkirsche kann auch eine Zitronenscheibe verwendet werden.

Speedy

Mit dem „Speedy“ kommt schnell gute Laune auf.

Zutaten:

- 2 cl Blue-Caracao
- 6 cl Maracujanektar
- 6 cl Grapefruitsaft
- 6 cl Bananennektar

Zubereitung:

Eiswürfel in einen Shaker geben. Zutaten hinzugeben und alles kräftig durchschütteln. Gemisch durch ein Barsieb in ein Glas mit Eiswürfeln „strainen“ und mit einer Erdbeere verzieren.

Tipp:

Der Blue Caracao verwandelt den gesunden Fruchtcocktail in ein optisches Highlight.

Himbeer-Kokos-Cocktail

Das goße Urlaubs-Feeling für die ganz Kleinen.

Zutaten:

- 100 g Himbeeren
- 120 ml Kokosmilch
- 120 g Buttermilch
- 100 ml Zitronenlimonade
- 1 TL flüssiger Honig
- 1 EL Kokosflocken

Zubereitung:

Ein paar Himbeeren pürieren und in die vorbereiteten Gläser geben. Kokosmilch, Buttermilch, Zitronenlimonade und Honig verquirlen und hinzufügen. Abschließend mit Kokosflocken und Himbeeren verzieren und genießen.

Tipp:

Der Drink zaubert Exotik auf jeden Kindergeburtstag.

Ipanema

Der Ipanema stammt ursprünglich aus Lateinamerika und ist für seine erfrischende Wirkung bekannt.

Zutaten:

- 2 EL brauner Rohrzucker
- Maracujasaft
- Ginger Ale
- Crushed Ice
- Halbe Limette

Zubereitung:

Die Limette noch einmal durchschneiden sodass sie geviertelt ist und dann in Glasboden mit dem Stößel bearbeiten. Rohrzucker und Crushed Ice dazugeben und mit Saft und Ginger Ale das Glas auffüllen.

Tipp:

Es kann auch normaler Haushaltszucker verwendet werden.

Mint Tonic

Der Mint Tonic Drink verdankt seinen Namen dem spritzig und erfrischenden Geschmack nach Minze. Ein frischer Atem ist nach diesem Drink garantiert!

Zutaten:

- 4 El Zuckersirup,
- 4 El frisch gepresster Zitronensaft
- 1 Stiele Minze
- Eiswürfel
- 200 ml Tonic Water

Zubereitung:

Die 4 El Zuckersirup und 3 El Zitronensaft in ein hohes Glas schütten. Dann den Minzstiel hinzugeben und mit dem Stößel leicht andrücken. Dann 3 Eiswüfel zugeben und mit 200 ml Tonic Water auffüllen.

Tipp:

Wegen der Minze eignet sich dieser Drink besonders gut nach dem Essen, denn er sorgt für einen frischen Atem.

Famicolada

Der „Famicolada“ ist ein familienfreundlicher Vertreter aus der Gruppe der Coladas.

Zutaten:

- 4 cl Orangensaft
- 1 cl Zitronensaft
- 1 cl Grenadine

Zubereitung:

Orangensaft und Zitronensaft in einen Shaker mit Eiswürfeln geben und ordentlich shaken. Mischung in ein Glas mit Eiswürfeln gießen und mit Grenadine abrunden.

Tipp:

Für das richtige „Colada-Feeling“ kann der Drink mit verschiedenen Obststücken garniert werden.

Strawberry Kiss

Erdbeere küsst Mango, Orange und Marakuja.

Zutaten:

- 2 cl Sahne
- 2 cl Erdbeersirup
- 6 cl Maracujanektar
- 6 cl Mangonektar
- 6 cl Orangensaft

Zubereitung:

Alle Zutaten und Eiswürfel in einen Shaker geben und ordentlich durchschütteln. Den Cocktail durch ein Barsieb in ein vorgekühltes Longdrinkglas geben, eine Erdbeere auf den Gläserrand stecken und servieren.

Tipp:

Der fruchtige „Strawberry Kiss“ ist ein wunderbarer Einstieg in die Welt der Cocktails.

Sonnenaufgang

Der „Sonnenaufgang“ erinnert optisch an den „Tequila Sunrise“.

Zutaten:

- Orangensaft
- Himbeersirup
- Orangenscheibe
- Zitronenscheibe

Zubereitung:

Orangensaft in ein mit Eiswürfeln gefülltes Longdrinkglas geben und vorsichtig mit Himbeersirup auffüllen. Abschließend das ganze mit Orangen- oder Zitronenscheibe garnieren.

Tipp:

Der Himbeersirup erzeugt eine phantastische Färbung, die an einen Sonnenaufgang erinnert.

Kleiner Hugo

Der „Kleine Hugo“ ist eine alkoholfreie Variante des begehrten „Hugo“.

Zutaten:

- 1 Limette
- 1 Pfefferminzzweig
- 1 EL Holunderblütensirup
- Mineralwasser

Zubereitung:

Limette zerkleinern und beiseite legen. Holunderblütensirup in die Gläser geben und mit Wasser auffüllen. Minze, Limetttenschnitze und Eiswürfel beigeben und servieren.

Tipp:

Der „Kleine Hugo“ ist eine erfrischende Abkühlung für heiße Tage.

Vampirella

Der Cocktail verdankt seinen Namen seiner markanten blutroten Färbung.

Zutaten:

- 400 ml Kirschsaft
- 400 ml schwarzer Johannisbeersaft
- Mineralwasser
- Kirschen
- Minze

Zubereitung:

Die beiden Säfte gut vermengen und auf vorbereitete Cocktailgläser mit Eiswüfeln verteilen. Mixtur mit Wasser aufgießen und mit Kirschen und Minze verzieren.

Tipp:

Der Drink ist DER Renner auf jeder Halloween-Party.

Tropical Spirit

Der Tropical Spirit ist ein alkoholfreier Cocktail mit bunten tropischen Früchten. Besonders der saure Maracuja Geschmack gemischt mit der Süße der Ananas verleiht diesem Drink seine ganz besondere Note.

Zutaten:

- 300 ml Maracuja-Nektar
- 200 ml Ananassaft
- 200 ml Orangensaft
- 4 El Zitronensaft
- Eiswürfel
- Mineralwasser

Zubereitung:

Den Maracuja-Nektar mit dem Ananassaft, Orangensaft und dem Zitronensaft mithilfe eines Barlöffels im Shaker verrühren. Dann die die Flüssigkeit in zwei mit Eiswürfeln gefüllten Gläsern geben und mit etwas Mineralwasser auffüllen.

Tipp:

Wegen dem Maracuja-Nektar kann der Drink etwas dickflüssig sein. An heißen Sommertagen können Sie einfach etwas mehr Mineralwasser hinzugeben um einen Drink mit einem noch größeren Erfrischungsfaktor zu haben.

Rainbow Cocktail

Der „Rainbow Cocktail“ erstrahlt in (fast) allen Farben des Regenbogens.

Zutaten:

- Orangensaft
- Blue Curacao
- Grenadine
- Mineralwasser

Zubereitung:

Zuerst Blue Caracao in das Mineralwasser geben und unter Beihilfe eines Barlöffels vorsichtig umrühren. Anschließend ein wenig Orangensaft in ein Glas geben hinzugeben. Jetzt den Grenadinesirup unter Rühren vorsichtig in das Glas füllen. Abschließend das „blaue Wasser“ hinzugeben. Fertig!

Tipp:

Wenn Sie alles vorsichtig zubereiten wird der Cocktail eine phantastische Färbung annehmen.

Die Eiskönigin

Der Cocktail wurde nach der Eiskönigin aus dem Disney-Film „Frozen“ benannt.

Zutaten:

- 2 EL Blue Curacao
- 100 ml Milch
- Vanilleeis

Zubereitung:

Als erstes füllt man die kalte Vollmilch in ein Glas. Danach ist unter Rühren mit einem Barlöffel der Blue Curacao hinzuzufügen. Abschließend kann man die „Eiskönigin“ mit einer Kugel Vanilleeis „toppen“.

Tipp:

Der Glasrand lässt sich wunderbar mit Brausepulver verzieren.

Schlusswort

Ich hoffe unsere Reise durch die Cocktailwelt hat Ihnen gefallen und Sie haben erfolgreich gelernt leckere Cocktails zu mixen. Wie bei jeder Disziplin, gilt: Übung macht den Meister. Je öfter Sie Cocktails mischen, umso routinierter werden Sie im Umgang mit dem *Shaker*. Dank der zahlreichen Rezepte und Anleitungen, können Sie jederzeit auf dieses Praxisbuch zurückgreifen und Ihr Wissen immer wieder auffrischen. Empfehlen Sie dieses Buch Freunden und Bekannten weiter oder laden Sie selbst zu einem vergnügungsreichen Cocktailabend ein. Machen Sie Ihren Liebsten eine Freude und nutzen Sie "Cocktails für zu Hause[--richtigen-Buchtitel-einfügen--]" als besondere Geschenkidee. Ich bedanke mich bei Ihnen für den Kauf dieses Buches und wünsche Ihnen weiterhin viel Erfolg beim Cocktail-Mixen!

Rechtliches

Impressum

Calvin Williams wird vertreten durch:

Finn Dubbels
Hofweg 86
22085 Hamburg
Deutschland

Coverbilder
Creativlog | Fiverr.com

Haftung für externe Links

Das Buch enthält Links zu externen Webseiten Dritter, auf deren Inhalt der Autor keinen Einfluss hat. Deshalb kann für die Inhalte externer Inhalte keine Gewähr übernommen werden. Für die Inhalte der verlinkten Webseiten ist der jeweilige Anbieter oder Betreiber der Webseite verantwortlich. Die verlinkten Seiten wurden zum Zeitpunkt der Verlinkung auf mögliche Rechtsverstöße überprüft. Rechtswidrige Inhalte waren zum Zeitpunkt der Verlinkung nicht erkennbar. Eine permanente inhaltliche Kontrolle der verlinkten Webseiten ist jedoch ohne konkrete Anhaltspunkte einer Rechtsverletzung nicht zumutbar. Bei Bekanntwerden von Rechtsverletzungen werden derartige Links umgehend entfernt.

Printed in Germany
by Amazon Distribution
GmbH, Leipzig

15889593R00075